LE PRISONNIER

DE LA

TOUR DE GISORS (EURE)

AVEC SON PORTRAIT, SES ARMOIRIES

ET UNE VUE INTÉRIEURE DE SA PRISON.

SOUVENIR DU QUINZIÈME

HISTORIQUE SIÈCLE

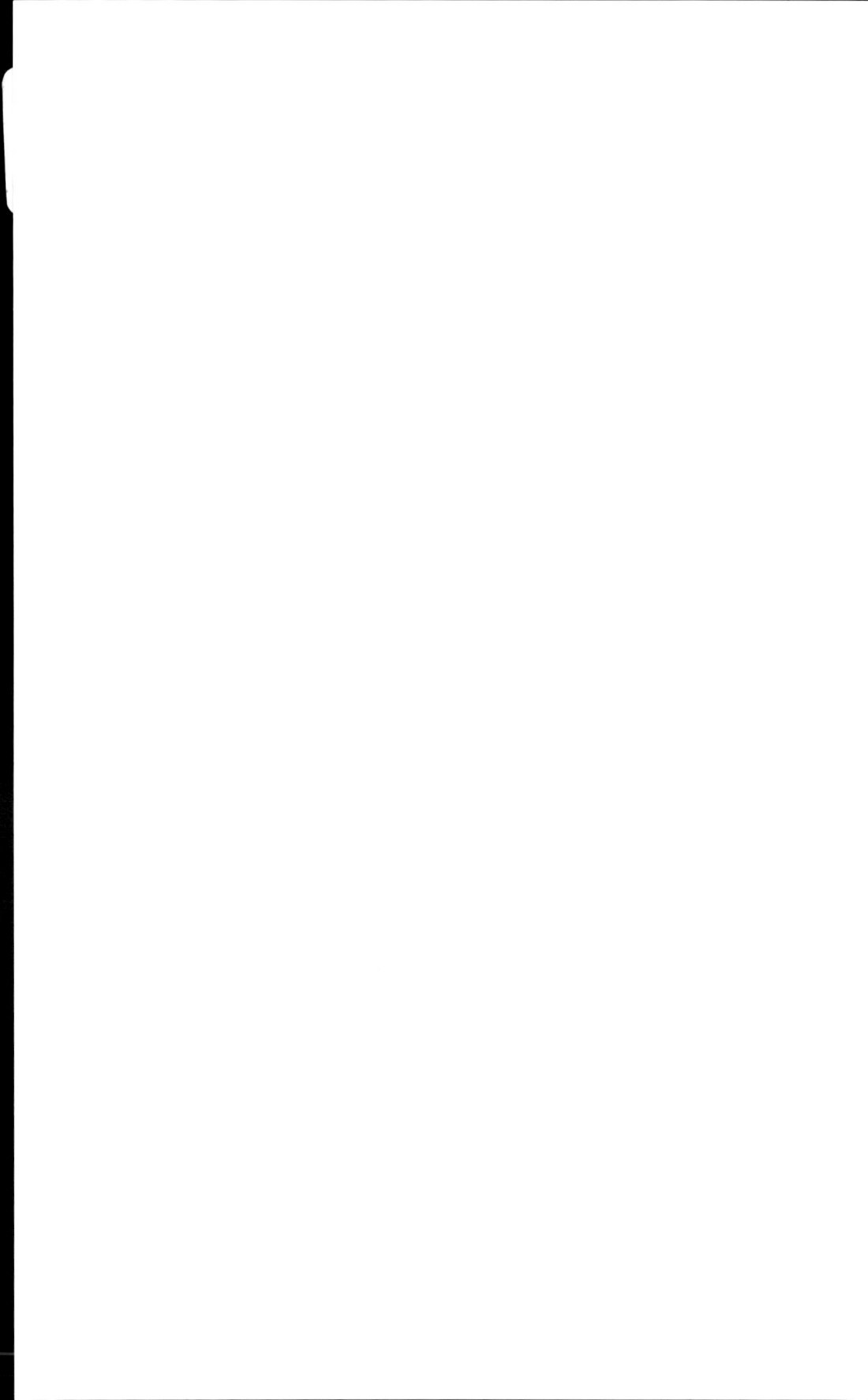

LE PRISONNIER

DE LA

TOUR DE GISORS

(EURE.)

NOUVELLE ÉDITION

AUGMENTÉE DE SON PORTRAIT, SES ARMOIRIES ET
D'UNE VUE INTÉRIEURE DE SA PRISON

Par L.-N. BLANGIS,

Officier de l'Instruction publique.

SOUVENIR HISTORIQUE

DU QUINZIÈME SIÈCLE.

—

1872.

Vue intérieure de la Tour du Prisonnier de Gisors.
Représentant une partie des bas-reliefs qu'il y a tracés avec un clou
et une des Meurtrières où il venait chercher l'air et le soleil.

Le Prisonnier de la Tour de Gisors, Chevalier de Polham ou **poulain**

Pris à la Bataille de Guinegate, le 7 Août 1479.

Ce Portrait dû au crayon élégant de Mr. Paul CHARDIN, a été extrait d'un tableau du Musée de Versailles. —— Voir l'authenticité à la dernière page.

AVANT-PROPOS

Je traite, dans le court récit qui va suivre, l'histoire de celui que la tradition locale appelle avec raison : *le beau Prisonnier de Gisors*.

Des documents nouveaux m'ont mis à même de refaire une nouvelle édition plus complète, plus affirmative, et où les faits, par leur date et leur enchaînement, se confirment les uns les autres.

Sans doute, d'autres prisonniers ont du être enfermés dans la même tour ; mais ont-ils eu la même célébrité ? Leur histoire justifie-t-elle le puissant intérêt qui, de génération en génération, s'est toujours attaché à la captivité de celui qui nous a laissé de si curieux bas-reliefs ? Non assurément.

On remarque bien sur les murs une date : (1575 avec les initiales N. P), mais la différence de ces dernières lettres avec les lettres de l'inscription gothique dans laquelle est inscrit son nom : POULAM (1) saute aux yeux les moins clairvoyants. C'est une autre main, c'est un autre prisonnier qui aura inscrit cette date dans les bas-reliefs tracés bien avant lui.

Il faut remonter à cent ans au-delà, pour retrouver dans l'histoire les évènements qui vont dégager de son linceul de quatre siècles le vrai prisonnier de Gisors.

Poulam ou plutôt le chevalier Wolfhang de Polham, comme je vais le prouver, apparaît dans les histoires de Charles-le-Téméraire, Marie de Bourgogne, Maximilien d'Autriche et Louis XI.

Son nom n'est plus un mystère.

Nous allons voir comment il fut fait prisonnier à la bataille de Guinegate (Artois), comment il fut enfermé d'abord à Arras, et de là transféré dans la forteresse de Gisors où il a laissé son nom, je dirais presque son histoire.

Du reste, cher lecteur, lisez et jugez.

(1) Poulam et non Poulain, comme on le croit assez généralement : ce qui a pu, dans le principe, donner aux recherches, une fausse direction.

A GISORS sur les bords de l'Epte, l'œil contemple toujours avec admiration la vieille forteresse de Guillaume-le-Roux, construite au onzième siècle, et dont un travail long et persévérant a mis à découvert les ruines imposantes.

Cà et là, des tours, assez bien conservées, et dont l'ensemble frappe tout d'abord le voyageur qui descend du chemin de fer, se dressent fièrement et semblent encore commander la ville.

L'une d'elles, qu'on appelle la Tour du Prisonnier fixe particulièrement l'attention de ceux qui viennent en visiter l'intérieur. C'est qu'en effet, en plongeant dans les profondeurs de cette tour, on est surpris d'y trouver, encore vivantes, les traces d'une longue captivité qui se révèle aux yeux par d'antiques bas-reliefs creusés dans les murs.

Quel est donc le prisonnier mystérieux qui les a tracés et dont l'histoire a échappé jusqu'ici à toutes les recherches?

Des récits légendaires l'appellent *le beau Prisonnier de Gisors*. Ces récits, auxquels l'imagination a pris une large part, l'ont toujours présenté comme une victime intéressante, mais sans pouvoir dire quelle était cette victime. Cependant son histoire réelle, telle que nous la retrouvons éparse dans les auteurs du moyen-âge, vaut tout ce que l'imagination a pu rêver, et justifie bien les souvenirs d'intérêt que son injuste captivité a laissés dans la contrée.

Voyez ces bas-reliefs éclairés faiblement par le jour de trois meurtrières : quel long chef-d'œuvre de patience buriné sur la pierre avec un clou, dit-on. Ce clou, il l'aurait arraché à la porte de son cachot. Que de sujets variés ! Que de détails ! Ce sont des joûtes de chevaliers ; des danses ; un orchestre ; des emblêmes ; des écussons ; des allé-gories ; et surtout des scènes nombreuses de la passion, etc., etc.

Enfin, un nom, avec une invocation latine, écrite en lettres gothiques (1) de la fin du XVme siècle.

O Mater Dei, memento mei

O Mère de Dieu, souvenez-vous de moi.

POULAM.

Il ne faudrait pas prétendre trouver dans tous ces détails des allusions directes à son histoire. La fan-taisie a du y trouver sa place et créer des sujets d'un sens difficile à saisir et dont nous ne parlerons pas. Mais beaucoup parlent clairement et viennent

---

(1) Le gothique dont il s'est servi était en usage en France, dès la fin du quinzième siècle. Il était peut-être en usage beaucoup plus tôt en Allemagne, où Polham était né.

en aide aux investigations, tout en fortifiant les découvertes historiques que nous avons faites.

Duclos, dans son histoire de Louis XI nous dit : « *Louis XI retenait en prison Wolfgang de Poul-* « *hain, homme attaché à la duchesse d'Autriche,* « *Marie de Bourgogne.* »

- Eh bien, qu'il me soit permis de déchirer le voile qui le dérobait à nos yeux, et de dire de suite : c'est lui ! C'est le prisonnier de Gisors !

Il était attaché à Marie de Bourgogne, comme : « *homme de confiance* ». (Chateaubriand, études historiques).

On objectera peut-être, comme on l'a déjà fait, que Poulam et Poulhain sont deux noms qui ne doivent pas appartenir au même personnage. Erreur ! Ces deux noms n'en font qu'un, comme je vais le prouver.

A cette époque où la plume travaillait moins que l'épée, on ne tenait nullement compte de l'orthographe, même pour les noms propres. C'était le blason qui servait à distinguer nettement les familles et les personnes.

Qu'on parcoure les auteurs que je vais citer, et on trouvera le nom de notre prisonnier écrit ainsi :

Polham, Polheim, Polhein, Polem, Poulin, (1) *Poulain, Poullan, Poulhain, Poulham.*

C'est toujours le même nom du même personnage: le chevalier Wolfhang de Polham.

Un chroniqueur de Bourgogne l'inscrit ainsi sur une liste : « *Le grant Poulham, Allemant.* »

Louis XI écrivait indifféremment *Poulain* et *Poullan.*

Enfin, (et ceci me paraît décisif), sur des parchemins inédits, signés et scellés pour la plupart de différents sceaux, dont un de Maximilien d'Autriche, parchemins relatifs à un emprunt qu'il dut faire, comme on le verra plus tard, on trouve son nom écrit de trois manières différentes :

Wolfhang de Polham.

Wolfgang de Polhain.

Wolffang de Polhan.

Ces preuves de laisser-aller dans l'orthographe des noms, au moyen-âge, paraîtront-elles suffisantes ? Je le pense. Et vous lecteur.... Oui, probablement.

(1) La voyelle O se prononçant volontiers OU à cette époque, on comprendra facilement ces variétés de prononciation.

Alors je continue mon histoire, en écrivant Polham,
son vrai nom qu'on devait prononcer Poulam, tel
qu'il est gravé sur les pierres de la tour.

Nous avons déjà vu comme quoi Wolfhang de
Polham était retenu en prison par Louis XI.

L'historien des ducs de Bourgogne, M. de Barante,
va nous dire l'origine et la date de cette captivité :

« *Wofgang fait prisonnier à la bataille de Guine-*
« *gate, le 7 août 1479, fut enfermé à Arras.* »

Ainsi donc, d'après les révélations de l'histoire
dont je poursuis scrupuleusement les traces, notre
prisonnier fut enfermé à Arras. Y resta-t-il ? Non
assurément. Il ne pouvait pas y rester, et voici pour-
quoi :

Duclos nous dit que peu de temps après la bataille
de Guinegate : « *Louis XI qui avait plusieurs fois*
« *pardonné aux habitants d'Arras, sans pouvoir se les*
« *attacher, résolut de les disperser et de repeupler*
« *la ville de nouveaux habitants.* »

Mesure de colère qui implique nécessairement la
translation de notre prisonnier ailleurs...........

Mais reprenons d'un peu plus haut la série des
évènements qui vont aboutir à la bataille de Guinegate.

Charles-le-Téméraire, duc de Bourgogne, ne rêvait
que gloire et bataille. En vain, il avait échoué hon-

teusement au siége de Beauvais qu'il ne put prendre, grâce à l'héroïsme des femmes de la ville à la tête desquelles s'immortalisa Jeanne Hachette (1472. 1).

En vain, il avait reçu, d'un peuple pauvre (2), mais libre dans ses montagnes, de rudes et sanglantes leçons à Granson et à Morat (1476), il n'en persistait pas moins, par ses projets belliqueux, à entretenir l'inquiétude chez ses voisins.

Bientôt le fracas de ses armes s'éteignit sous les murs de Nancy, où il fut tué dans une déroute, par un gentilhomme lorrain, Claude de Beaumont, qui ne le connaissait pas.

Cette mort prématurée (il n'avait que 44 ans), appelait sur le trône de cette puissante maison ducale

(1) On célèbre encore aujourd'hui une fête en souvenir de cette délivrance. Chaque année, au mois de juin, une vingtaine de jeunes filles, toutes vêtues de blanc, sont conduites, chacune au bras d'un notable, vers une batterie d'artillerie, rangée autour de la statue de Jeanne Hachette. Là, chaque jeune fille, après avoir salué Jeanne qui les regarde, fait résolument tonner le bronze qui, aussitôt redit aux échos du pays l'antique vaillance des femmes de la cité.

(2) Si pauvre et si étranger au luxe que le soldat suisse qui, dans le pillage du camp bourguignon, trouva le gros diamant du duc qui n'avait pas son pareil dans la chrétienté, le jeta mais garda précieusement la boîte.

la belle Marie de Bourgogne, jeune princesse de vingt ans, qui jusqu'alors n'avait guère connu que les charmes de l'étude et des belles lettres (3). Aussi cette riche couronne pesait-elle un peu lourdement sur ce beau front.

A la nouvelle de ces évènements imprévus, Louis XI tourna son attention de ce côté et reprit avec plus d'ardeur que jamais son projet de réunion du duché à la couronne. C'était dans l'ordre des choses, attendu que Charles-le-Téméraire n'ayant pas laissé d'héritier mâle, le duché devait faire retour à la France; mais c'était une succession qu'il n'était pas facile de régler. Louis XI, ne considérant pas Marie comme un adversaire bien redoutable, commença par des manœuvres pacifiques et tenta une alliance de famille : c'était la main de cette jeune duchesse qu'il demandait pour son fils le Dauphin qui n'avait encore que sept ans.

Pour mener à bonne fin cette singulière mission, il fit choix de son barbier ordinaire, Olivier-le-Dain ou le Diable, seigneur de Meulan, homme cauteleux, habile et presque aussi rusé que son maître.

Ce digne personnage se rendit donc à Gand, et se

(1) Cette princesse a laissé un ouvrage intitulé : LA LÈVRE AUTRICHIENNE, dont Le Tasse a fait l'éloge.

présenta à la cour élégante de Bourgogne avec des airs magnifiques et des prétentions tellement bizarres qu'il se vit bafoué, traité de vilain et de mal-appris.

« *Le roi, mon cousin, me croit donc malade, qu'il* « *m'envoie son médecin* (1), » disait Marie, au milieu des éclats de rires de toute sa cour.

Les Gantois parlaient déjà de le jeter à l'eau ; mais, sans terminer sa mission, maître Olivier avait disparu (2).

Louis XI déçu dans ses ridicules espérances, mais, ne perdant pas de vue la riche proie qu'il convoitait, avait recours tantôt à la ruse, tantôt à la violence. Déjà ses troupes envahissaient le duché de Bourgogne, quand Marie, alarmée, lui envoya deux de ses plus fidèles conseillers, les sires Hugonet et d'Hymbercourt, avec des pouvoirs secrets pour traiter.

Le roi, s'étant procuré les dits pouvoirs par surprise, en donna méchamment connaissance aux Gantois, leur insinuant qu'ils étaient trahis. Les Gantois,

(1) Les barbiers, à cette époque, s'occupaient aussi de médecine.

(2) Ce même personnage, après la mort de Louis XI, fut poursuivi pour méfaits et pendu en 1484.

toujours prompts à s'enflammer, firent arrêter les deux conseillers qui, au milieu de l'effervescence générale, furent jugés et condamnés à mort. L'exécution devait avoir lieu trois heures après.

A cette foudroyante nouvelle, Marie accourt seule sur la place publique, au pied de l'échafaud où étaient torturés ses bons et fidèles serviteurs. Là, les mains suppliantes, les yeux pleins de larmes, elle conjure le peuple d'épargner des innocents.

A cette touchante apparition, à la vue de leur jeune duchesse en pleurs, ne sachant comment faire comprendre son désespoir, la foule s'émeut; déjà les piques s'abaissaient et les victimes allaient peut-être échapper au bourreau, quand les émissaires de Louis XI, qui veillaient dans l'ombre, s'empressèrent d'étouffer ce mouvement de compassion, et l'exécuteur poursuivit sa tâche.

Le roi voulait absolument la mort de ces deux conseillers dont les lumières et la haute expérience pouvaient être fort utiles à l'infortunée Marie, qu'il fallut emporter dans son palais, évanouie et sans connaissance.

Ainsi périrent, victimes des artifices de Louis XI, les sires Hugonet et d'Hymbercourt, dont le dévouement et la fidélité à la cause de Bourgogne étaient les seuls crimes.

Seule aux prises avec un ennemi aussi perfide, Marie de Bourgogne croyait voir un abîme se creuser sous ses pas, et s'alarmait, malgré le dévouement de ses serviteurs, et la bravoure de ses chevaliers au milieu desquels se distinguait Wolfhang de Polham, car c'est de lui qu'Olivier de la Marche disait : *Polem était beau chevalier et homme de vertu.*» (1)

C'est alors qu'écartant les nombreux prétendants, qui recherchaient son alliance, Marie donna sa main au jeune Maximilien d'Autriche qui devint, par la suite, un des plus grands empereurs d'Allemagne. Par là, elle s'assurait un protecteur, et donnait à Louis XI un adversaire inattendu.

Ce mariage se fit à Gand, le 20 août 1477 et fut célébré avec la pompe chevaleresque de l'époque.

Maximilien ne savait pas le français; Marie ne comprenait pas l'allemand; mais dit la chronique : « *Moult ils se plurent, et brief n'eurent besoin d'in-* « *terprète pour s'entendre.* »

La lutte ne tarda pas à s'engager entre les deux rivaux. Elle se poursuivait avec ardeur de part et d'autre, quand, le 7 août 1479, eut lieu la fameuse bataille de Guinegate (Artois). Les Français y firent

(1) Olivier de la Marche était un auteur contemporain, élevé à la cour de Bourgogne, et également attaché au service de Marie.

des prodiges de valeùr, mais Maximilien, à la tête de sa brillante chevalerie, y força la victoire, non sans subir des pertes considérables. Beaucoup de prisonniers tombèrent au pouvoir des français, et parmi eux, le chevalier de Polham que sa téméraire bravoure avait emporté trop loin sur le champ de bataille.

« *Un chevalier allemand, nommé Wolfang de Pol-*
« *heim, le plus grand ami et favori de Maximilien,*
« *fut pris aussi.* (de Barante).

Deux mois plus tard, Maximilien, poursuivant le cours de ses succès, vint assiéger et prit le château de Malaunay. Irrité, outre mesure, de l'opiniâtre résistance du gouverneur, Raymond d'Osssagne, il le fit mettre à mort après la prise de la place.

A cette nouvelle, Louis XI, pour venger la mort de son brave Raymond, ordonna aussitôt à son grand prévôt, Tristan de sinistre mémoire, de choisir cinquante des principaux prisonniers de Guinegate, et de les pendre aux lieux les plus apparents de la contrée.

Ainsi fut fait le choix. Il va sans dire que Wolfhang faisait partie des innocentes victimes que l'affreux Tristan traînait au supplice.

La vengeance du roi, confiée à de pareilles mains, s'accomplissait vite et impitoyablement. Déjà, çà et là, les corps se balançaient aux arbres et notre chevalier recommandait tristement son âme à Dieu, quand au suprême moment, et bien juste à temps, arriva l'ordre de surseoir à son exécution.

Louis XI, ayant appris combien Marie de Bourgogne s'intéressait à ce jeune seigneur, lui épargna le supplice de la corde, mais le garda son prisonnier. Il est probable que c'est à ce moment qu'il le fit mettre en lieu sûr, se promettant d'en tirer parti plus tard, suivant les circonstances. D'ailleurs, il avait été frappé de l'importance de ce chevalier inconnu.

Arras n'offrant pas de sécurité, pour les motifs que nous avons dits, notre prisonnier fut transféré naturellement *là* où on retrouve son nom, c'est-à-dire dans la forteresse de Gisors (1), qui n'est distante d'Arras que de quatre à cinq journées de marche.

(1) Cette puissante forteresse, située sur les limites de France et Normandie, avait à cette époque, une importance considérable. Prise et reprise plusieurs fois par les Anglais et les Français, elle ne resta définitivement au pouvoir des rois de France qu'en 1449, c'est-à-dire trente ans seulement avant la bataille de Guinegate.

Aujourd'hui ses ruines, assez bien conservées, font encore l'admiration des touristes, Ses remparts et ses fossés ont été convertis en promenades luxuriantes de verdure et de fraîcheur. On s'étonne de voir des tours dont huit siècles n'ont pu entamer la solidité; des murs d'enceinte se reliant entre eux; puis, çà et là, des poternes, des casemates, des chemins

C'est dans les profondeurs d'une de ces tours qu'il fut relégué d'autant plus mystérieusement que Maximilien parcourait les contrées voisines à la tête de troupes victorieuses.

Là, notre infortuné captif, se remettant peu-à-peu de ses rudes émotions, put, tout-à-loisir, tracer sur la pierre ses nombreux bas-reliefs qui respirent les évènements de l'époque, et où, son nom apparaît comme un phare lumineux, au milieu des ténèbres historiques du moyen-âge.

de ronde, une porte armée de sa herse, etc.

Enfin, un massif de larges escaliers s'enfouissant sous terre, et conduisant, dit-on, à un long souterrain qui mettait en communication la forteresse de Gisors avec le château-fort de Neaufles, situé à 4 kilomètres.

L'existence de ce souterrain mystérieux expliquerait en effet ce curieux épisode de la guerre de cent ans :

Blanche d'Evreux (veuve de Philippe de Valois), assiegée dans Gisors par les Anglais, fit une sortie à la tête de ses chevaliers; mais sa retraite ayant été coupée, et la nuit venue, elle se réfugia dans son château-fort de Neaufles qui fut aussitôt cerné de toutes parts par des forces considérables. Cette fois Blanche ne pouvait échapper.

Au point du jour, assaut général ! mais, ô surprise ! Les remparts sont déserts, ainsi que le donjon.... Tandis que les Anglais cherchent à comprendre ce fait merveilleux, voilà qu'une grêle de horions leur tombe sur le dos. C'étaient les chevaliers de la reine qui, à la faveur du souterrain, venaient prendre une revanche.

Que disent ces bas-reliefs ?

L'un d'eux, le plus riche en détails, et probablement le premier commencé, représente des passes-d'armes de chevaliers, des danses, des scènes de la Passion et autres sujets dont la signification est plus vague.

N'y aurait-il pas là comme une réminiscence des fêtes célébrées à l'occasion du mariage de Marie de Bourgogne, et dont le souvenir était de nature à inspirer tout d'abord le prisonnier ?

On y voit une sainte Gudule, là où le diable, armé d'un soufflet, éteint le cierge d'une sainte. Or, c'est à Sainte-Gudule (Bruxelles), que fut baptisé un des enfants de Marie de Bourgogne.

Un écusson de Bourgogne s'y trouve aussi. (Les ducs portaient, pour France : d'azur à trois fleurs de lys, avec bordure (1), componée d'argent et de gueules) et près de cet écusson, des seigneurs qu'on reconnaît à leur riche costume, s'inclinent, la main sur le cœur, en signe d'hommage.

Plus loin, un autre écusson, également à trois fleurs de lys, mais sans bordure componée, représente

(1) Cette bordure, très-nettement tracée par le prisonnier, affirme l'écusson de Bourgogne. Elle ne figure pas sur les armes de France.

les armes de France. Il est porté par deux anges, probablement en souvenir de cette vieille tradition qui veut que les premières fleurs de lys (2) aient été apportées du ciel à Clovis, premier roi chrétien.

Mais sans vouloir insister davantage sur des interprétations plus ou moins faciles, nous nous contenterons de faire remarquer que les costumes sont bien ceux de Bourgogne : robes longues avec fourrures ; bonnets à la mortier, surmontés de panaches, (c'était la coiffure des princes et chevaliers), puis bonnets plus simples avec cornes un peu élevées. Tel était l'ensemble des modes suivies à la cour de Bourgogne et fidèlement reproduites sur les murs de la tour.

La fin de ce bas-relief est moins vigoureuse d'expression que le commencement, et reflète sans doute la situation morale du prisonnier. Il en est de même du suivant, où l'image d'un pendu pourrait bien être un souvenir du moment fatal qui avait failli envoyer Wolfhang ailleurs que dans la tour.

Est-il bien sûr que ce souvenir n'ait pas troublé plus d'une fois son sommeil? Il avait échappé à la mort d'une manière imprévue et quelque peu mysté-

_____

(2) Ces fleurs de lys figuraient autrefois sans nombre sur les armes de France. C'est à partir de Charles VI qu'elles furent assez généralement réduites à trois.

rieuse; mais il vivait sous l'œil de Louis XI, et probablement avec des appréhensions de chaque jour pour le lendemain.

Son cachot était sombre ainsi qu'on peut s'en assurer encore aujourd'hui. La lumière n'y pénètre qu'à travers de hautes, étroites et profondes meurtrières où le vent soupire la nuit comme le jour.

C'est par ces ouvertures qu'il aimait à promener ses regards au dehors; à jouir de la nature vivante dont il était comme séparé; à saisir le bruit, le mouvement et l'agitation extérieure dont, au fond de son cachot, il n'avait que les échos mourants

Il paraît même qu'il y revenait souvent, car on voit encore creusés dans la pierre les endroits où s'aidant des pieds et des mains, il venait jouir de son spectacle favori. Là, il pouvait contempler un coin de l'horizon bleu du ciel, ainsi que les nuages roses qui y couraient librement. Il aimait surtout, au soleil levant, à jouir du réveil de la nature; et les impressions qu'il en éprouvait le jetaient dans des rêveries profondes, car il restait longtemps, dit-on, immobile à la même place, triste et songeant sans doute à des temps plus heureux.

La nuit venue, et quand le sommeil ne pouvait clore sa paupière, il y revenait encore respirer l'air pur de la vallée qu'embaumaient parfois les brises nocturnes de la forêt voisine (le Buisson bleu), ou bien consulter son étoile, autrefois si heureuse, si brillante et dont l'éclat lui semblait vaciller.

Il est même probable que plus d'une fois, suivant les idées de l'époque, et conformément aux règles de la science astrologique, il se complut à mettre en rapport les conjonctions planétaires avec les constellations visibles au ciel, suivant l'heure de la nuit, pour en tirer des horoscopes à loisir.

Innocente distraction que l'espérance ou la passion anime et colore !

Puis son attention ramenée plus près de lui, il écoutait avec plaisir, rouler dans leur lit paisible les flots de l'Epte qui, par les fossés du château, venait, jusqu'au pied de la tour, murmurer à ses oreilles.

Peut-être enviait-il le sort de cette jolie rivière, si libre dans son cours, et dont le soleil allait bientôt réchauffer les ondes de cristal, tandis que lui, jeune encore, languissait dans une prison sans soleil.

Ces réflexions étaient assez tristes, mais elles venaient se perdre dans les distractions qu'il trouvait à composer ses bas-reliefs, dont la création était pour lui comme un monde nouveau dans sa solitude.

C'est là que donnant libre cours à son imagination, il fixe sur la pierre, à l'aide de son burin improvisé, tous les sujets dont sa tête et son cœur sont pleins.

Parmi ces sujets, il en est un qui excite la curiosité. C'est encore un écusson de Bourgogne, mais dont le chef se compose de cinq cœurs.

Rien de semblable dans les recueils héraldiques ! Est-ce une fantaisie du prisonnier ?

Est-ce une allusion à l'emblème de Maximilien qui avait adopté un cœur avec cette devise : *in manu Dei, regis est*. Le cœur d'un roi est dans la main de Dieu.

Ou enfin, est-ce un sentiment plus tendre qui inspirait ses pensées et guidait sa main ? Peut-être ! car, s'il cherchait des inspirations, c'était à coup sûr dans les souvenirs de la cour de Bourgogne.

La cour de Bourgogne !

Quand la reverra-t-il avec ses fêtes et ses brillants tournois ? Quand pourra-t-il rompre de joyeuses lances, sous les yeux de sa jeune souveraine, et, vainqueur, à genoux, presser sa belle main sur ses lèvres ?

À cette pensée, son cœur s'émeut et se gonfle d'amertume. D'un œil ardent il mesure ces sombres murs dont l'épaisseur massive et lourde semble se rire, et de ses élans d'amour chevaleresque, et de ses aspirations à la liberté. Il s'irrite.... puis bientôt, immobile, abattu et comme terrassé par son impuissance, il se résigne, mais il souffre ; il souffre, ainsi qu'il le dit lui-même, en lettres presque imperceptibles burinées sur la pierre : « *noble home gehaine.* »

Cependant le temps marchait toujours. Les jours, les mois, les années se succédaient tristement, et rien ne lui laissait entrevoir le terme de cette longue captivité que mesurait seule la succession des saisons, et dont le poids finissait par l'accabler. Seul, isolé, sans espoir, et comme abandonné du monde entier, Wolfhang se laisse aller à un désespoir profond.... autant vaut la mort.

Arrête ! pauvre victime d'un caprice de tyran ! Non, tu n'es pas abandonné ; tu ne l'as jamais été. Ouvre ton cœur à l'espérance, car c'est Marie de Bourgogne elle-même qui négocie en ta faveur ; c'est elle qui, dès le début de ta captivité, n'a cessé de poursuivre l'œuvre de ta délivrance.

En effet, si on en juge par le passage suivant d'une lettre de Louis XI à ses ambassadeurs en Autriche, Messieurs du Bouchage et de Solliers, lettre remarquable par sa date, il faudra reconnaître que des négociations furent entamées en faveur de Wolfhang, aussitôt après l'exécution des prisonniers de Guinegate.

En voici le passage textuel :

« *Au regard du ralongement de Poulain, il n'est*
« *homme qui en ait puissance que M. du Bouchage.*
« *J'aurai des lévriers et lévrières de Bossut, et adieu*
« *Messieurs.* »

(Escrit au Plessis le treiziesme de novembre 1479*).*

Il faut dire tout d'abord que, par suite d'un sin-
gulier caprice, Louis XI mettait pour condition, à la
délivrance de Polham, la possession de superbes lévriers dont la race était très convoitée des chasseurs.
Ces lévriers appartenaient à un sire de Bossut qui
n'ayant aucun intérêt en cette affaire, refusa de s'en
dessaisir, malgré les offres qui lui étaient faites.

Vainement, au milieu de ces difficultés « *Marie en*
« *fit prier le roi comme d'une chose qui lui tenait au*
« *cœur, et l'affligeait beaucoup,* (de Barante). L'affaire
en resta-là.

Un an après, des envoyés de Flandres étant venus
trouver le roi à Tours, l'entretinrent « *du grand*
« *chagrin qu'avait leur dame et duchesse, au sujet de*
« *messire Wolfang.* (de Barante). Le roi ne répondit
rien; mais à leur départ, M. de Solliers leur dit en
confidence que son maître tenait absolument aux
lévriers du sire de Bossut.

Cette fois, on négocia si bien que le sire de Bossut

consentit enfin à abandonner ses belles meutes. A
quelles conditions? L'histoire ne le dit pas. Mais peu
importe, puisque nous savons que la délivrance de
Polham devait en être la conséquence.

Louis XI en décida autrement : une fois en possession des superbes lévriers qu'il convoitait depuis
si longtemps, il refusa de rendre la liberté au prisonnier.... fourberie insigne dont aurait rougi le
plus simple de ses sujets, et que plaisamment il
appelait : « *un trait de gentille industrie.* » (Brantôme).

Toutes ces négociations avaient duré plusieurs
années, et n'aboutissaient pas, parce qu'un roi avait
cru pouvoir, par plaisanterie, manquer à sa parole !

Pauvre prisonnier! Ton cachot se creuse d'un
abîme sans fond. Cette fois, malheur à toi! Tu n'as
plus rien à espérer. Ton étoile pâlit affreusement.

Faut-il te le dire? Eh bien! Ne compte plus
sur cette main amie qui travaillait si généreusement
à ta délivrance, en te faisant signe d'espérer ;
car cette douce main que, dans les fêtes de la
chevalerie, tu as pu presser ardemment sur tes
lèvres, est aujourd'hui...... froide et glacée.

Écoute les échos de la tour, ils te répèteront la
triste nouvelle : Marie de Bourgogne n'est plus !

Wolfhang est frappé de cette nouvelle comme de
la foudre. Il écoute avec stupeur. Quoi! à la fleur

de l'âge! Non, c'est impossible! Les échos de la tour l'abusent cruellement. Eux aussi se déclarent donc contre lui pour le torturer. Malheur! c'est une persécution nouvelle, mais il saura la braver. Ah! s'il pouvait seulement chausser ses éperons et s'élancer sur son coursier, l'épée au poing !

Hélas! ce n'était que trop vrai! Marie de Bourgogne n'est plus! Elle est tombée comme un beau lys que le tranchant de la faulx a touché par mégarde.

Voici comment :

Cette jeune princesse prenait le plaisir de la chasse au vol, aux environs de Bruges, lorsque tout-à-coup son cheval s'abattit dans un bois. Elle se blessa grièvement aux racines d'un arbre; mais, soit par pudeur, soit pour ne pas alarmer son époux dont elle était l'idole, elle ne permit pas aux médecins de sonder la blessure. Le mal fit des progrès rapides, et trois semaines après, elle expirait (1) à l'âge de 25 ans (27 mars 1482).

(1) On dit que sur le point de mourir, elle fit à son entourage les adieux les plus calmes et les plus touchants.
On dit encore que Maximilien, inconsolable de cette cruelle et fatale séparation, accepta la proposition d'un célèbre magicien qui s'engageait à la faire revivre à ses yeux; et

Ainsi mourut dans son printemps, victime d'un malheureux accident de chasse, la belle Marie de Bourgogne, dont la figure brille d'un si doux éclat entre Charles-le-Téméraire dont elle était la fille, et Charles-Quint dont elle fut l'aïeule. C'était la princesse la plus accomplie de son temps. Tous les historiens de son époque ont vanté sa bonté, sa douceur et son attachement à ses devoirs.

Qui dira la douleur du prisonnier quand il connut la vérité ? Douleur profonde et qui lui fit oublier ou délaisser son burin.

Aussi le dernier bas-relief est-il comme inachevé. Les quelques sujets qu'il renferme sont des plus tristes. Regardez : que veut dire, par exemple, étendu sur un suaire, ce corps inanimé qu'aux formes arrondies on reconnaît pour celui d'une femme et sur le cœur de laquelle repose un autre cœur ?

Et, un peu plus loin, que signifie ce groupe : une épée, une rose ; et, séparés par une brissure, deux cœurs dont l'un est renversé ? Est-ce clair ?

que ce prince fut pris d'une indicible émotion, quand, en effet, dans un sanctuaire mystérieux, il revit sa chère Marie.

Ce qui ferait supposer que, déjà à cette époque, les effets merveilleux des appareils stéréoscopiques n'étaient pas inconnus.

Désormais, tout est fini pour lui ; il n'a plus d'espoir qu'en la Mère de Dieu, Marie, et, dans une invocation latine, touchante de simplicité, il l'a supplie à genoux (1) de ne pas l'oublier.

Cependant son bourreau, Louis XI, qui l'avait torturé à plaisir, en prolongeant injustement sa captivité, gémissait lui-même, en proie à une maladie qui le minait sourdement. Vainement, par tous les moyens possibles, il s'efforçait de reculer le moment où il aurait à rendre à Dieu de bien terribles comptes ; vainement, blotti au fond de son château du Plessis, tout hérissé de fer, il se débattait. . . . La mort allait l'atteindre au milieu de ses hallebardiers.

C'est alors que, dépouillant le vieil homme, il eut un souvenir du prisonnier de Guinegate, et pouvant au moins réparer une de ses trop nombreuses iniquités, il le fit mettre en liberté.

« *La liberté lui fut rendue, quand on ne la demanda plus.* » (Chateaubriand. — Etudes historiques).

Louis XI étant mort le 30 août 1483 et la bataille de Guinegate ayant eu lieu le 7 août 1479,

(1) C'est ainsi qu'il se représente lui-même, entre quatre fleurs de lys, dans le cadre même de son invocation où figure encore un cœur.

c'est à quatre années environ qu'il faut porter la captivité de Wolfhang de Polham.

Voyez le dernier coup de burin de ses bas-reliefs, et vous reconnaîtrez l'esquisse rapide d'un chevalier, armé seulement des éperons dont il va presser les flancs de sa monture, partant avec empressement, en faisant un signe d'adieu à son gardien.

Ce sujet, qui est le dernier, forme avec ceux qui le précèdent un contraste tellement frappant que, par son animation, il équivaut évidemment à ce cri joyeux : délivrance !

Adieu donc, bon, beau et brave chevalier dont les loisirs un peu longs ont légué à nos loisirs un peu curieux d'intéressants hiéroglyphes qui te font revivre après quatre cents ans. Ton nom vivra parmi nous, car tu es vraiment celui qu'une détention injustement prolongée a rendu populaire auprès de nos bons aïeux; celui dont le temps n'a pu déraciner la mémoire dans les belles vallées du Vexin normand ; celui enfin que la tradition locale persiste, non sans motifs, à appeler *le beau Prisonnier de Gisors.*

SUPPLÉMENT

Voici donc notre chevalier Wolfhang de Polham rendu à la liberté au moment où il s'y attendait le moins. Certes, nous en éprouvons une grande satisfaction, en même temps qu'une légère curiosité de savoir ce qu'il devint plus tard. Est-ce vrai?

Retrouver ses traces dans l'histoire n'est pas facile, car il était d'origine allemande; cependant nous savons qu'il s'empressa de rejoindre Maximilien qui guerroyait toujours, et dont il était d'ailleurs, comme nous l'avons vu, le plus grand ami et favori.

Il devint bientôt son conseiller, chambellan et mareschal du palais, ainsi qu'il nous l'apprend lui-même dans une pièce signée de sa main et dont la copie est ci-après.

Nous le retrouvons encore dans l'histoire, à la date de 1490, épousant à Rennes, (1) par procuration, pour et au nom du roi (2) son maître,

(1) Recueil des officiers de Bourgogne.

(2) Maximilien avait été élu Roi des Romains en 1486. Il ne monta sur le trône impérial qu'en 1493, à la mort de son père, Frédéric III.

Anne de Bretagne, autre orpheline dont les états auraient enrichi la couronne d'Autriche. Mais, comme on sait, ce mariage n'eut pas lieu, malgré la solennité des fiançailles où, suivant la coutume allemande, Wolfbang mit une jambe nue dans le lit de la fiancée, ce qui effaroucha beaucoup la jeune duchesse, dit la chronique.

Pour remplir cette haute mission qui révèle la noblesse de son origine, il avait emprunté onze cents écus d'or à un sire Jehan de Montfort, qui était également au service de Maximilien.

Voici la copie textuelle de l'obligation de cette somme, signée de sa main et probablement écrite par lui; pièce inédite que nous devons à l'obligeance de M. Leglay, archiviste du nord, et dont l'original se trouve dans les archives de la cour des comptes à Lille:

« Je Wolfhang, seigneur de Polham, chevalier,
« conseiller, chambellan et mareschal du roy, notre
« seigneur confesse avoir reçu de messire Jéhan,
« seigneur de Montfort, aussi chevalier, conseiller
« et chambellan du roy et de monseigneur l'ar-
« chiduc, la somme de onze cens escus d'or, que,
« à ma requeste, il m'a présentement presté en
« deniers comptant pour et au nom du roy, et
« pour ses urgens et nécessaires affaires, et de

« son pays de Bretaigne, où il m'at envoyé pour
« certains grandes affaires, secretz dant il n'est
« besoing autre ne plus ample déclaration icy
« estre faite. Laquelle somme de XIᵉ escuz d'or
« je prometz de bonne foy bien et loyaulment
« lui faire rendre et restituer en deniers comp-
« tant par le Roy notre dit seigneur en dedans
« quatre mois prouchainement venant, ou en
« deffault de ce, je lui prometz comme dessus,
« de les lui rendre et restituer en dedans quatre
« autre mois après en suyvant, en moy rendant
« cestui seulement. Faict en la ville de Raynnes,
« au dit pays de Bretaigne, soubz mon seing
« manuel cy mis le second jour de l'an mil
« IIIIᶜ IIIIˣˣ et neuf (1489) »

Cette somme ne fut remboursée que cinq ans
plus tard, par les soins de Maximilien, ainsi que
le constate un reçu en forme de Jéhan de Montfort, portant la date du 4 octobre 1494 et dont
je crois inutile de donner copie.

POLHAM.

Quel était donc le lieu de naissance de ce beau
chevalier d'élite? Voilà ce que nous n'avons encore
pu découvrir. Nous savons qu'il était allemand
d'origine, mais l'Allemagne est si grande !

Il y a bien dans la Basse-Styrie (Autriche) un

petit endroit du nom de Polheim, non loin de
Graëtz. Etait-ce là le berceau de sa seigneurie ?
Peut-être! car, coïncidence singulière, c'est à
Graëtz même, qu'au siècle dernier, on a retrouvé
avec surprise les éléments de composition préparés,
mais oubliés depuis longtemps, qui ont servi à
l'impression des faits et gestes de Maximilien Ier,
ouvrage dicté par ce prince lui-même et orné de
gravures.

Cet ouvrage, publié à Vienne en 1775, n'a pas
été traduit en français.

Notre chevalier, dont le nom se rattache à une
localité voisine de Graëtz, serait-il pour quelque
chose dans ce travail biographique d'un empereur
dont il était le plus grand ami? Ce serait assez
probable; mais on ne peut faire que des supposi-
tions à cet égard.

Ce que nous pouvons affirmer (et ce qui fera
sans doute plaisir au lecteur), c'est que Wolfhang
de Polham, fut du petit nombre des chevaliers de
la Toison d'or, encore si rares à cette époque.

Cet ordre célèbre, créé en 1430, par Philippe-
le-Bon, duc de Bourgogne, à l'occasion de son
mariage avec Isabelle de Portugal, n'admettait
alors que 24 chevaliers, tous nobles de nom,
d'armes et sans reproches.

Or, des documents authentiques (1) nous apprennent que ce fut en qualité de chevalier de la Toison d'or qu'il assista aux fêtes données par cet ordre, à Middelbourg (Zélande), en 1505.

La Zélande, la Frise, ainsi que la Hollande étaient à cette époque des provinces dont Marie de Bourgogne était comtesse, et qu'elle apporta en dot à Maximilien, son époux.

Etait-il chevalier de cet ordre, quand, prisonnier dans la tour de Gisors, il y *gehainait,* suivant son expression? Nous ne le pensons pas. Autrement, il nous aurait laissé quelques traces ostensibles de cette haute dignité sur les murs de sa prison. Ce fut plutôt, trois ans après sa délivrance, en 1486, à l'occasion du couronnement de Maximilien, comme roi des Romains, qu'il fut fait chevalier de cet ordre

Il y a bien dans ses bas-reliefs un sujet dont je n'ai point encore parlé et qui mérite attention: ce sont deux néophytes à genoux aux pieds d'une dame qui, les touchant de l'épée, suivant la coutume, semble les créer chevaliers.

Une dame! Passe encore s'il ne s'agissait que de l'accolade. Mais créer des chevaliers était le

---

(1) Extraits des manuscrits n° 5236 de la Bibliothèque nationale de Paris.

privilège exclusif des chevaliers eux-mêmes.

A moins que ce ne soit une allusion (ce qui est très-probable) aux pouvoirs temporaires dont fut investie Marie de Bourgogne qui, à la mort de son père, devint tout à coup chef et grand maître de l'ordre de la Toison d'or.

Ces pouvoirs étaient héréditaires dans la famille des ducs. Marie, par son mariage avec Maximilien, les transmit à la maison d'Autriche qui, plus tard, les partagea avec les rois d'Espagne, se rattachant à la branche Autrichienne, par Philippe-le-Beau, fils de Marie et père de Charles-Quint.

Onze ans après, c'est-à-dire en 1516, il y eut encore de grandes fêtes données par l'ordre de la Toison d'or, à Bruxelles, dans l'église Ste-Gudule; mais, cette fois, les armoiries de notre chevalier, voilées d'une crêpe funèbre, y figurèrent seules.

. . . .

Voici ce que nous trouvons dans des chroniques sur les Pays-Bas, écrites à Aix-la-Chapelle, en 1598, par un sieur Le Petit, français d'origine :

Ce chroniqueur, après avoir décrit la marche du cortège, où le prince Charles (1), revêtu du grand manteau de l'ordre, en velours cramoisi, tout ruisselant d'or et de pierres précieuses, chevauchait

(1) Charles-Quint.

au milieu de ses chevaliers, tous costumés (2) de
même, et précédés de celui qui, solennellement,
portait sur un riche coussin, le grand collier de
l'ordre, ajoute :

« En laquelle ordonnance marcherent au grad
« temple de Ste-Gudule, où le prince s'assit en son
« siege, au chœur dudit temple, et tous les che-
« valiers de l'ordre, en formes de chanoines,
« chacun soubs ses armoiries.

« Restans vacans les sieges de ceux qui estoyent
« décedez : assavoir du roy Dom Fernand d'Arra-
« gon, du roy Henri 7me d'Angleterre, de maistre
« Pierre de Lauvoy, de Christophle marquis de
« Baden, de messire Wolfgang de Polain, etc. »

Ainsi donc, en 1516, il n'était plus, notre bon
et intéressant chevalier! Mais la liste, qui nous
révèle sa mort, comprend des personnages si il-
lustres que son nom grandit encore à nos yeux.

Nous avons été assez heureux pour retrouver ses
armoiries dont il vient d'être question et telles que
nous les avons fait figurer en tête de cette notice.

Il portait pour armes : *Ecartelé, au* 1er *et* 4^{e}

(2) Ces fêtes duraient trois jours, à chacun desquels on
portait un nouveau costume.

fascé de huit pièces d'argent et de gueules, au 2ᵉ et 3ᵉ de gueules, à l'aigle éployé, mi-partie d'or et d'azur.

On s'étonnera peut-être qu'il n'ait rien laissé de ces armoiries sur les pierres de son cachot. D'abord, il faut se demander si son écu de jeune chevalier se composait bien de toutes les pièces que nous venons d'énumérer, et où, en définitive, l'aigle est le seul emblême saisissable à l'œil. Cet aigle ne serait-il pas l'héritage héraldique de son père? Peut-être même l'indice de quelque alliance de famille, d'autant plus que son blason est écartelé?

Questions difficiles à éclaircir, vu son origine allemande. La seule remarque que l'on puisse faire c'est que, entre son écusson et ceux de la tour, comme, par exemple, l'écusson aux cœurs qui a dû être composé à l'intention de Marie de Bourgogne, il y a de commun ceci : la bordure de l'un et les huit pièces de l'autre sont pareillement: *d'argent* et *de gueules.* Ce rapprochement n'est peut-être pas sans importance.

Enfin, ce qui reste parfaitement acquis à nos investigations, c'est que dans la personne du beau prisonnier de Gisors, nous avons eu la visite (involontaire, il est vrai) d'un chevalier de la Toison d'or, c'est-à-dire d'un chevalier noble de nom, d'armes et sans reproches.

Et sa carte de visite, avec son nom, il nous l'a laissée richement illustrée de tous les détails dont se composent les archives de sa prison, archives quatre fois séculaires, sans lesquelles il aurait passé dans l'histoire, comme un météore dans la nuit.

AUTHENTICITE

DU PORTRAIT DU PRISONNIER

C'est grâce à la reproduction d'un tableau original de l'époque Louis XI que nous avons pu retrouver le portrait du prisonnier de Gisors.

Ce tableau, très-curieux, qu'on peut voir au musée de Versailles, sous le n° 3070, représente un parlement de Bourgogne, présidé par Charles-le-Téméraire, en 1476. Tous les personnages historiques y sont représentés avec leurs noms et leur physionomie.

On y retrouve le prisonnier de Gisors, avec son nom, Poulin (1) parmi les quatre secrétaires de ce

(1) Poulin venant de Polhain, qu'on prononçait Poulin ou Poulain. De Poulain à Poulam il n'y a de différence qu'un point. De même de Polhain à Polham.

parlement. C'est le plus jeune; sa jeunesse est même remarquable.

Or, c'est le seul de ce nom qui ait eu de l'importance à la cour de Bourgogne. Ses fonctions auprès de Marie de Bourgogne (homme de confiance), justifient parfaitement ses fonctions de secrétaire pour lesquelles les aptitudes, à cette époque, n'étaient pas très-communes.

On voit aussi dans ce tableau, avec leurs noms, les sires Hugonet et d'Hubercourt, dont il a été question dans notre récit.

Or, on ne peut pas plus contester l'identité du chevalier de Polham, que celle des sires Hugonet et d'Hubercourt ou plutôt d'Hymbercourt, dont la personnalité n'admet aucun doute.

L'altération de l'orthographe dans les noms est suffisamment expliquée à la page 15.

Elbeuf. — Imprimerie LEVASSEUR.

www.ingramcontent.com/pod-product-compliance
Lightning Source LLC
Chambersburg PA
CBHW070920210326
41521CB00010B/2261